Rimbaud / Verlaine. Une affaire insolite

François Swennen

Rimbaud / Verlaine. Une affaire insolite

Trois contes rimbaldiens

Cohen&Cohen

Couverture et jaquette : Jef Rosman, *Rimbaud blessé* (détails), 1873, huile sur panneau d'acajou, musée Rimbaud, Charleville-Mézières

Relecture et corrections : Juliette Dablanc

www.cohen-cohen.fr

ISBN : 978-2-36749-128-8
Dépôt légal : novembre 2024

Pour Sophie et Camille
Pour Fabrice et Philippe

CONFESSIONS DE JEF ROSMAN

À chaque être, plusieurs *autres* vies me semblaient dues.
Arthur Rimbaud, *Une saison en enfer*

1 (Récamier)

Je vous assure qu'ils se trompent. Ils n'ont jamais cessé de se tromper, tous, depuis l'apparition, en l'an 1946, dans une librairie parisienne de la Rive gauche, de cet étrange tableau. Leur fascination maniaque pour ce poète de Charleville les a étourdis. Ils se sont fourvoyés à mon sujet. Car je n'existe pas. Je n'ai jamais existé. Je ne vivais pas à Bruxelles en 1873. Je n'ai jamais rencontré ce Rimbaud dans un garni de la rue des Bouchers loué par une marchande de tabac, ni nulle part ailleurs. Je conteste surtout formellement avoir commis un tel forfait. Jamais je n'ai demandé à ce jeune homme de dix-huit ans, fébrile et tourmenté, de poser pour moi dans un aussi pitoyable état. Et je n'ai pas non plus, mon travail de peintre achevé, rédigé, dans le dos de mon déplorable modèle en fuite vers son Ardenne natale, cette légende humiliante empreinte du mépris moralisateur du petit bourgeois. Je ne suis rien qu'une idée, la leur, qui a façonné mon être tout entier, moi témoin cardinal d'un crime mythifié par le temps, et qu'ils se sont transmise avec complaisance et parfois fanatisme, jusqu'à ce que je me résolve, enfin, à écrire, au crayon noir subtilisé dans une chambre de l'hôtel Récamier à trois pas de la rue Férou, mes confessions, dans ce cahier ouvert aujourd'hui entre vos mains. Je m'appelle Jef Rosman.

2 (élan)

D'où m'élancer pour me précipiter dans ce vide qui m'obnubile ? Les pieds du plongeur de Paestum surplombent d'un bon mètre l'abaque de sa colonne tremplin. Moi, plus modeste que ce super athlète métaphysique à la silhouette idéale, je pourrais plus simplement me laisser choir, tout désarticulé dès le troisième rebond sur la roche granitique de mon corps ovoïde, le long de la pente abrupte. Mon retour au néant – Oh ! à nouveau pouvoir y *goûter*, comme disait Artaud –, ce pourrait être aussi un voyage, encore un voyage, semblable à tous les autres, avec ses rituels, ses déconvenues, ses égarements, et ses sottes exaltations simplistes, fixées dans des albums d'images numériques qui n'enchantent personne d'autre que leurs ennuyeux et égocentriques concepteurs. Mais d'où partir alors ? Qu'importe après tout !

Les mains croisées derrière la tête, j'ai serré fort le nœud de mon bandana rouge et, le regard voilé, posé l'index, petit, sur une carte d'Europe déployée au pied de mon futon une personne. J'ai fait glisser le tissu le long de mon visage jusque sous mon menton. Et j'ai lu *Liège*, suivi d'un *Luik-Lüttich* entre parenthèses.

3 (temple)

À partir de Liège donc, j'ai remonté le cours de la Meuse jusqu'à Charleville-Mézières, en passant par Bouillon, minuscule cité déposée au creux d'un lacet de la rivière Semois, où cet adolescent, que je n'ai pas portraituré, et son ami, dont les noms sont écrits sur ce tableau que je n'ai pas peint, se donnèrent quelques fois rendez-vous, avec un troisième compère, pour de fort déraisonnables beuveries.

Le billet que j'ai conservé indique que je suis entré dans cet ancien moulin transformé en temple-musée, le musée Arthur Rimbaud, quai Arthur Rimbaud, le 20 juillet 2017, à dix heures vingt-trois minutes. Guidé par un parcours fléché, j'ai accédé, négligeant manuscrit autographe des *Voyelles* et photographies de Harar, au premier étage, où je me suis planté, jambes légèrement écartées, comme pour un duel, devant elle. La belle facture de cette œuvre dont je ne suis pas l'auteur m'a immédiatement frappé. Je l'avais imaginée de plus amples dimensions, sans doute par association inconsciente à cette autre chambre peinte à Arles par un homme qui mit lui-même un terme à son existence, privilège auquel je ne puis prétendre, puisque la mienne est une invention. Je m'en suis approché à moins d'une longueur de bras et l'ai longuement observée. J'ai ensuite traversé la place Ducale, dont j'ai évité les arcades, qui m'auraient jeté, comme celles du Palais-Royal ou de Saint-Marc, et comme toutes les autres sous lesquelles j'ai été contraint de déambuler, dans un sentiment de morne angoisse. Partout où se posait mon regard, son prénom, son patronyme, ses mots, les cités lointaines de ses exils, transformés en enseignes de commerce, en noms de rues ou de squares proprets, en spécialités culinaires à consommer sur place ou à emporter – aucun cocktail maison qui ne fût « ivre », « infernal » ou « illuminé » – me ramenaient à lui et à notre rencontre fallacieuse d'il y a un siècle et demi. Puis j'ai remonté une longue avenue triste jusqu'au portail ouvert d'un cimetière. Et là, devant sa tombe, aussi crispée et orgueilleuse que celle d'un édile municipal à la renommée gommée par les années, j'ai, en pensée, clamé, comme devant une juridiction criminelle, mon innocence. En colère, j'ai refusé d'obéir à l'épitaphe impérative gravée dans la pierre : *Priez pour lui* !

4 (poseur)

Impatient, j'ai vite déclaré forfait dans ma quête de cette trop fameuse boîte aux lettres jaune qui, paraît-il, collecte chaque jour, à proximité de tant de tombes en rang, des courriers adressés de toutes contrées à l'*homme de lettres* – le métier qu'aux autorités judiciaires belges, âgé de dix-huit ans, il déclara, non sans une certaine forfanterie, exercer – gisant là en famille. Les rimbaldiens croient en la communion des poètes – dans leurs illuminations à eux, ils se fantasment volontiers, sans jamais l'avouer, voyants ou voleurs de feu à leur tour – comme d'autres en celle des saints. Je n'avais de toute façon rien à lui écrire qu'il ne sût parfaitement. Que poète poseur, il l'avait été au moins deux fois. En octobre 1871 pour Étienne Carjat, photographe versificateur que plus tard, dans une attaque indigne du fleurettiste olympique en cuirasse et pantalon blancs, il tenta, parmi quelques vilains bonshommes avinés, d'embrocher à la canne-épée en criant « merde ». En janvier 1872 devant Fantin-Latour, qui lui peignit une mine angélique d'adolescent gâté et dédaigneux. Mais jamais en juillet 1873 devant moi, fantôme informe, ni personne d'autre, pour cette œuvre qu'il me coûte de devoir, pour vous, décrire encore.

5 (nez)

Au milieu d'un cadre en bois sculpté et doré à la feuille qui donne à sa posture un air outrageusement affecté, Arthur, alité, me fixe d'un regard halluciné qui appelle au secours. La tête posée sur deux épais oreillers blancs, il s'emmitoufle comme un petit enfant sous un édredon carmin – ainsi le vois-je, moi, mais d'autres l'ont décrit bordeaux ou rouge grenat – au rendu soyeux particulièrement réussi. Disposées sur une table de chevet, une cafetière et une petite tasse – un éminent rimbaldien a évoqué ici un bol, sans doute par distraction – composent, en miniature à l'intérieur du tableau, une modeste et touchante nature morte. Seul le nez du poète, dérisoirement porcin, est raté. L'artiste qui a usurpé mon identité fictive a figuré, installé derrière le lit, un paravent à quatre panneaux largement déployés. Sur les deux premiers, il a inscrit, en lettres sépia lugubrement délavé, cette légende : *Épilogue à la Française. Portrait du Français Arthur Rimbaud blessé après boire par son intime le poète français Paul Verlaine*. Ce triple sarcasme formulé aux dépens des Français (dans une répétition dont la grossièreté choque immédiatement), des homosexuels (si j'avais vécu il y a cent cinquante ans, j'aurais écrit : des *invertis*) et des ivrognes ne me ressemble pas. Il fleure le dogme, pue la réaction. Pour tout dire, il m'inspire nausée et dégoût.

6 (moderne)

Blessé après boire. Ils avaient, en effet, consommé des boissons alcooliques, plus que de raison, tous les deux, ce jeudi 10 juillet 1873. Pardonnez mes approximations. Tout a été dit et écrit sur cette affaire. Ils partageaient une chambre louée à l'hôtel À la ville de Courtrai, rue des Brasseurs, à Bruxelles. Arthur, lassé, avait parlé de rupture, ou de fuite, pour des raisons qu'il serait fastidieux de détailler. Disons, pour faire bref, que Paul était marié et père d'un garçonnet d'à peine vingt mois. Les résidents de l'hôtel ont entendu une porte claquer. Dans une taverne de la Grand-Place, le concubin éconduit s'est fait servir par un garçon suspicieux quelques liqueurs et demis à la pression. À deux pas de là, dans le passage Saint-Hubert, il a ensuite, l'air hagard, poussé la porte de l'armurerie Montigny, où il a acheté revolver et munitions. Il a rejoint Arthur, devant lequel il a, poivrot désespéré, brandi sa toute nouvelle acquisition, puis tiré deux fois. Son amant, atteint par un coup, s'est affaissé, titubant, sur le rebord du lit. Paul, consterné et repentant, s'est précipité dans une chambre voisine, occupée par sa mère – Élisa Dehée, *veuve Verlaine*, présente sur place parce que, répétons-nous, son fils était marié et père de famille –, qui, effarée, a couru assister la victime.

Sur la façade de l'immeuble qui abritait cet hôtel, aujourd'hui disparu, une plaque de marbre noir a été scellée, qui commémore *un coup de revolver* – celui qui avait touché sa cible, évidemment –, avec, gravés en caractères italiques, ces mots de celui qui, en ces lieux, frôla le dernier couac : *Il faut être absolument moderne*. Devant elle, échappés de la cohue voisine de la Grand-Place, quelques touristes s'agglutinent pour la photographier avec un smartphone perché horizontalement, qu'ils glissent ensuite, mis en veille comme leurs rêves de vraie vie et de liberté libre, dans leur poche. Je crois, moi, que la modernité n'a rien à voir avec cette lamentable brouille. Ceux qui affirment sans preuve que j'ai vu le poignet bandé de leur idole clament, eux, le contraire.

7 (balance)

À trois, ils se sont mis en marche en direction de l'hôpital Saint-Jean. Je feuillette un album de vieilles images de Bruxelles acheté pour presque rien, place du Grand Sablon un jour de brocante, avec une antique médaille de l'ordre de Léopold II – à l'effigie de ce monarque soi-disant *souverain* de l'État prétendument *indépendant* du Congo, dont les bustes sont aujourd'hui repeints à la bombe aérosol en vert pomme ou, plus efficace pour commémorer ses crimes, rouge flashy, cette breloque sans valeur faisait partie du lot – et subitement, ils m'apparaissent, dans tout leur pathétique. Mais quelle vision ! Au premier plan, l'adolescent, imper miteux sur le dos et mine revêche, poursuivi par son agresseur à la moue suppliante, Mme Verlaine enfin, distancée, essoufflée, méditant déjà le retour à son bercail de cet affreux gamin – pas le sien, l'autre.

Prétextant crânement l'insignifiance de sa blessure, Arthur a décliné les soins prescrits par les médecins et rebroussé chemin, avec le projectile qui l'avait frappé toujours logé dans son poignet gauche. Il avait, c'était évident, échoué. Et puisqu'en dépit de tous ses sacrifices, Paul n'avait pas recouvré son état primitif de fils du Soleil, lui désirait maintenant, plus déterminé que jamais, prendre le train pour Charleville. Il a accepté l'obole offerte par

Mme Verlaine, que le financement de cette fuite intéressait. Ce trio désassorti est alors parti vers la gare du Midi. Aux abords d'un square au rectangle de parterre impeccable comme celui d'une nappe de table, orné en son centre d'une imposante fontaine à gueules de lion, ils ont croisé le chemin d'un agent de la force publique nommé – un rien suffit pour entrer dans l'histoire – Auguste Michel. Arthur, communard douteux, a requis son intervention, lui désignant d'un regard complice d'indicateur, que la légende s'est abstenue d'enregistrer, le voyou à maîtriser. Paul, malfrat lunatique, portait toujours l'arme du crime dans son manteau. Il a été jeté au dépôt, puis, les formalités d'usage accomplies, incarcéré à la prison des Petits-Carmes.

Ils ont tous, comme de concert, insinué que j'avais indécemment installé chevalet, panneau de bois, pinceaux et couleurs devant le lit d'un convalescent en détresse. L'audace leur a en revanche manqué pour admettre qu'au fond, Arthur avait balancé Paul.

8 (témoin)

Arthur s'est ravisé. Tel un enfant égaré, il s'est laissé conduire par la mère de l'homme qu'il venait de dénoncer jusqu'à cet hôpital qu'il avait quitté précipitamment quelques heures plus tôt. Un chirurgien pourrait y œuvrer pour extraire de son poignet devenu endolori cette fichue balle. C'est là que, sur réquisitions du ministère public tracées à l'encre noire sur un feuillet vert poireau, Théodore t'Serstevens, fraîchement nommé juge d'instruction, est descendu, le 12 juillet 1873, avec son greffier, Charles Ligour, pour entendre le témoin Rimbaud Arthur. Le procès-verbal d'audition, conservé à la Bibliothèque royale de Belgique, révèle que, couché – ou peut-être assis, mais je l'imagine, moi, allongé sur son lit d'hôpital pour cet interrogatoire – devant ce magistrat, Arthur a moins fanfaronné qu'à la grande époque des vilains bonshommes. Il a d'abord prêté le serment légal, imposé par la procédure, de dire toute la vérité et rien qu'elle, puis livré sa version des faits, défavorable à Paul, décrit comme velléitaire et hystérique. Les questions indiscrètes et vaguement professionnelles de son interlocuteur l'ont désarçonné. Foulant aux pieds les termes de son serment, il a contesté vigoureusement avoir noué avec le nouvel inculpé d'autres liens que de très noble amitié. Il a aussi, tentant ainsi d'accréditer son mensonge, accusé la femme de Paul, qui, désespérée par les infidélités fantasques de son époux, venait d'introduire une demande en divorce, d'avoir, pour favoriser son action en justice, inventé et nourri une odieuse calomnie, contre laquelle il n'a pas entendu se donner la peine d'argumenter. Le juge a parlé à ce sujet d'*intimité,* Arthur, lui, plus précis, de *relations immorales.*

Il faut être absolument moderne.

9 (désistement)

Paul, éberlué, a reçu la visite en cellule de deux médecins, chargés de répondre par exploration corporelle à la question au sujet de laquelle son jeune ami avait préféré se débiner. Les mensonges d'Arthur n'avaient pas trompé Théodore t'Serstevens, qui avait découvert et saisi dans ses papiers personnels le manuscrit d'un sonnet composé par l'inculpé, intitulé trompeusement *Le bon disciple.* Il y était question de paradis, certes, mais aussi d'ange dur, de bourrage interscapulaire et de bon délire. La lecture du rapport tracé par les docteurs Vleminckx et Semal, qui m'a fait pleurer, laisse entrevoir comme en cauchemar la suprême abjection de l'offense faite ce jour-là au poète des sanglots longs. Leur sinistre galimatias ne mérite que mépris. Pour évoquer les traces de pénétration sexuelle qu'il leur incombait de déceler coûte que coûte, ils ont estimé devoir parler de « vestiges » et, dans leurs descriptions anatomiques, d'« *infundibulum* évasé » et de « cône tronqué », pour conclure à la suspicion de pratiques passives et même actives – pour ces dernières, les prémisses de leur syllogisme touchent à la magie – « plus ou moins récentes… ». Sur la signification de ces points de suspension qui closent leur acte comme un clin d'œil lourdingue, les a-t-on questionnés ? Ô Toi, Science, lanterne de la Justice !

Trois jours plus tard, Arthur – trouvait-on déjà dans les palais de justice d'alors ce personnel d'accueil chargé, sourire aux lèvres presque toujours inopportun et quelquefois malheureux, de guider le justiciable dans ces dédales de couloirs et de bureaux numérotés, à la menaçante uniformité architecturale et chromatique ? – s'est chargé de déposer lui-même en main du magistrat instructeur un acte de désistement, libellé dans un salmigondis de termes juridiques et de formules solennelles qui, manifestement, lui avaient été soufflés. Ils s'accordent – je ne puis, à ce sujet, que me rallier à leur avis – pour supposer que cette démarche avait répondu à une demande, et peut-être même à un chantage, de Mme Verlaine, qui préserva ainsi la légende du poète voyant, qu'une éventuelle action en dommages et intérêts intentée contre le prisonnier des Petits-Carmes aurait fatalement dégradée. Pendant qu'Arthur recopiait sur son lit d'hôpital les mots d'un placet élaboré par un avocat, Paul rédigeait sur un meuble bancal de prison une lettre d'humble supplication adressée au grand maître Hugo. Le lendemain, les médecins ont, à sa demande frénétique, libéré le patient Rimbaud, qui a couru à Roche se cloîtrer dans le grenier de la ferme familiale pour écrire, sur quelques feuillets, le récit de cette maudite saison partagée avec son pitoyable, tellement pitoyable frère, désormais incarcéré.

La balle extraite de son bras gauche a été expédiée au Palais de justice de Bruxelles, service des pièces à conviction.

10 (postulat)

Les juges ne se plaignaient pas alors de leur charge de travail. Le *burn out* n'interrompait jamais, avec sa sournoise cruauté, leurs paisibles carrières et la proposition très entrepreneuriale de *brainstormer* en séminaire résidentiel sur leurs méthodes de gestion du stress aurait suscité l'hilarité. Il faut dire, pour être complet et objectif, qu'ils ne motivaient pas leurs décisions. Quelques mots suffisaient pour établir la culpabilité du prévenu, condamné ensuite, puis écroué, par un simple postulat. Les juges de Bruxelles ne se sont pas fatigués avec le dossier de Paul. Ils ont dit pour droit : « À Bruxelles, le dix juillet mil huit cent septante-trois, Paul Verlaine a volontairement porté des coups et fait des blessures ayant entraîné une incapacité de travail personnel à Arthur Rimbaud. » C'est tout. Dans l'enchaînement, ils lui ont infligé la peine la plus sévère édictée par leur code – deux ans d'emprisonnement – pour ce délit, sans aucune autre justification que celle, nauséabonde, qu'ils n'ont pas eu l'honnêteté, ou le courage, ou simplement l'envie, de dévoiler dans les attendus de leur jugement. Ils ont peut-être aussi, tout bêtement, buté sur le mot à choisir – *immorales* ou plutôt *contre-nature* – et trouvé moins périlleux, et surtout plus confortable de se taire. Ce 8 août 1873, en début d'après-midi, M. le Président Drugman – mais comment et pourquoi donc s'était-elle emparée de son esprit, cette folle lubie de claquer la porte du barreau et de renoncer à l'art de la défense, dans lequel il excellait, pour aller, perruqué, condamner son prochain à la chaîne ? – a, son devoir accompli et son audience levée, rejoint quelques collègues à la cafétéria des magistrats aux armoires de vestiaire lambrissées de marronnier. Leur a-t-il, devant son verre d'eau minérale ferrugineuse de Spa – jamais d'alcool, cela va de soi –, parlé de son fantasque dossier et de ce poète à calvitie dégingandé que les autorités compétentes venaient d'attraire, mains menottées derrière le dos, devant son tribunal ? De ce que les magistrats disent dans leurs apartés ou pensent de ces pauvres bougres, leurs semblables, qu'il leur appartient de juger, que sait-on d'ailleurs, et que devrait-on savoir ?

Le revolver saisi a été confisqué. Paul a été condamné aux frais de la procédure, liquidés au montant des honoraires postulés pour leurs travaux indignes par ces médecins explorateurs qui, binocle au nez et carnet de notes sur les genoux, avaient sauvagement attenté à sa pudeur. Son incarcération a duré exactement cinq cent cinquante-six jours.

11 (baccara)

L'homme qui avait requis à l'audience contre le prévenu Paul Verlaine s'appelait Pierre-Martin Crets. Nos destins noueux se croisent puis filent ensuite en d'étranges tangentes, aussi inconcevables que les courses de ces astres que nous contemplons les nuits d'été, immobiles et illusoirement adjoints dans le W de Cassiopée, au ciel de Vaucluse mordu par la masse noire du Ventoux.

Dans les salons mondains, ce haut magistrat, à l'abri de tous les palabres sermonneurs du Palais, s'adonnait sans jugement à son vice – «pas de vie vraie sans vrai vice» n'avait-il cessé de fanfaronner avant de jurer fidélité au roi et obéissance aux lois du peuple belge, et de renoncer à ce genre de gasconnade : le jeu. Il excellait au baccara et ses gains, toujours plus extravagants, finirent par offusquer la bonne société que trop de chance versée sur un des siens courrouce fatalement. En la demeure du comte de Baillet-Latour, questeur de la Chambre, ses comparses de tapis, plus bluffeurs que jamais, lui tendirent un piège. Lui qui avait fustigé dans ses réquisitoires tant de misérables malfrats pris la main dans le sac chut à son tour lamentablement dans cette flagrance qui fait bégayer dans leurs vaines dénégations les délinquants saisis en plein méfait.

L'homme de loi fut découvert en train de pratiquer la *poussette*, manœuvre dolosive – un comble pour un magistrat de parquet – de substitution favorable de la mise après tirage, qui requiert fourberie, dextérité et fulgurance dans son exécution mystifiante. L'abominable vilenie fut dévoilée dans la presse belge, d'où elle migra jusque dans une brève du *Figaro*. En ces temps insoucieux de sécurité, les almanachs bruxellois mentionnaient les adresses privées des magistrats de la Cour d'appel, entre les rubriques « Coupeurs de poils » et « Cour de cassation ». Les lettres anonymes adressées à *Monsieur l'ancien Avocat général Crets, Marquis de la Poussette* se mirent à affluer par paquets enliassés à la cordelette au 45, rue de Naples. Comment, après pareille avanie, continuer de se lever à l'audience pour requérir, en robe rouge sang, une application exemplaire et inflexible de la loi dans toute sa rigueur ? Les fous rires du public auraient enflé avec la sévérité des propos, finalement engloutis dans une hilarité générale à juguler à coups de maillet, ou pis encore, par suspension des débats. On a vu parfois dans la justice criminelle une sorte de théâtre, mais jamais un guignol : pas de marionnette du gendarme bouffon aux bancs de nos nobles prétoires ! Pierre-Martin Crets fut révoqué de ses fonctions par un arrêté royal de Sa Majesté le Roi Léopold II pris dans l'urgence le 30 décembre 1879. Le filou, banni mais rentier, prit la fuite pour aller s'installer à Paris dans un immeuble de la rue Newton, à quelques pas de la place de l'Étoile, où il passa discrètement le reste de sa vie. La dégradation du magistrat fait-elle nécessairement son malheur ?

En mon témoignage spectral ayez foi : quelques pas seulement séparent sa tombe du *Baiser* de Brancusi, dans la vingt-deuxième division du cimetière du Montparnasse, côté boulevard Raspail.

12 (fumée)

Sur le quatrième panneau du paravent, l'artiste affabulateur, camouflé derrière mon nom, a écrit à la peinture à l'huile : *chez Me Pincemaille, marchande de Tabac rue des Bouchers à Bruxelles.*

Ils se sont échinés à tenter d'établir les raisons pour lesquelles Arthur aurait ainsi séjourné dans le sombre garni d'une boutiquière. Ils l'ont imaginé là, dans les effluves de tabacs belges, Semois ou Vieux Bohan, en train d'attendre dans l'effroi le jugement de son ami, dont il n'avait en réalité que faire. Ils ont avancé l'hypothèse, juridiquement farfelue, que Théodore t'Serstevens lui avait enjoint de demeurer à sa disposition pour les besoins de son enquête. Ils ont même, poussant leurs élucubrations plus loin encore, supposé que, rétabli, il avait peut-être, pour me complaire, pris la pose étudiée du blessé effaré, nécessaire à la composition que je désirais réaliser.

Partis en quête d'une trace laissée par cette dame Pincemaille dans d'épais et poussiéreux registres administratifs, ils ont épluché à la loupe toutes les archives communales de la ville de Bruxelles. Dans tout ce fatras de paperasserie retournée fastidieusement, ils ont fini par trouver une dame Anne Lorson, installée rue des Bouchers, devenue épouse Pincemaille par un mariage contracté – hélas pour eux – après le fameux tir de revolver. Ils ont ensuite découvert une certaine Anne De Keyser, veuve Pincemaille, inscrite au numéro 14 d'une rue presque homonyme, la Petite rue des Bouchers, en 1891, c'est-à-dire beaucoup trop tard pour leurs reconstitutions chronologiques, ce qu'ils durent admettre, tout piteux.

Ils se sont, au sujet de leurs divagations plus ou moins saugrenues, querellés, parfois ardemment, et les invectives ont plu autant que les chimères. En vain. Comme cette invraisemblable rencontre entre le plus grand poète de langue française – ma colère parfois reflue, et c'est alors mon admiration pour son œuvre qui me submerge – et un peintre du dimanche, comme ma propre personne aussi, cette buraliste Pincemaille n'était rien que fumée.

Sur le troisième panneau enfin, formulé en cinq petits mots, ce double bobard, énorme : *Sur nature par Jef Rosman.*

13 (épiphanie)

Sur nature. Comme en un dogme, ils croient que je suis entré dans cette chambre, que j'ai entendu sa voix et que, martyr, il m'a montré sa blessure puis m'a demandé de témoigner. Que je l'ai entendu murmurer, la voix cassée et les larmes aux yeux, « déchirante infortune ». Qu'incrédule, j'ai peut-être effleuré de mes doigts son pansement détendu et souillé. Que, comme le visage du Christ sur le voile de cette sainte de Jérusalem, l'image du sien, encore marqué par l'épouvante qui l'avait saisi à l'instant du supplice, s'est imprimée sur ce panneau de bois que je venais de poser sur mon chevalet. Que son sang versé a imprégné mon œuvre et teint l'étoffe blanche dont j'avais couvert avec mon pinceau son être juvénile. Que, par épiphanie, son âme et son corps me sont apparus en vérité. Pour eux, qui vénèrent chacun de ses gestes et chacun de ses mots comme ceux d'une autre incarnation – de la poésie-action, ou de la rébellion, ou d'un mysticisme ensauvagé, ils se sont un peu dispersés à ce sujet –, ce tableau que je n'ai pas peint est une relique.

14 (pas sérieux)

Par Jef Rosman. À la recherche d'autres productions de mon art, ils ont couru antiquaires, brocanteurs et vide-greniers à Bruxelles et partout ailleurs dans le royaume de Belgique. Ils ont publié dans la presse des centaines d'annonces contenant promesses de récompense. Plus tard, ils ont tapé sur leur clavier d'ordinateur les neuf lettres de mon prénom et de mon nom pour de frénétiques et compulsives recherches sur des sites de vente en ligne. Ils ont parfois, dans leur délire, cru les lire au bas d'un tableau dans de vagues signatures à moitié effacées, avant, dépités, de se raviser. Ils ont pour moi fait vrombir nuit et jour tous les moteurs de recherche du monde et créé des alertes automatiques qui les réveillaient la nuit en sursaut, au moindre frémissement sur la toile du premier Rosman venu. Défaits et dégoûtés, ils se sont affalés dans leur divan, le regard fixé au plafond de leur salon, pour ruminer, un verre de whisky posé au sol à portée de main, leur lubie contrariée.

Car je suis, moi, figurez-vous, le peintre d'une seule œuvre. Pour mon travail d'artiste d'un jour, je ne me suis pas installé avec mon chevalet et mes couleurs dans le coin d'un jardin en fleurs. Ni devant un miroir éclairé à la bougie. Ni au crépuscule à l'orée d'une forêt de hêtres. Ni devant un compotier en grès rempli de fruits aux reflets de lumière polychromes. Non, j'ai plutôt, avec mon flair redoutable pour le bon sujet, poussé la porte d'une sinistre boutique et rejoint, dans une arrière-chambre louée clandestinement, ce jeune Rimbaud que sa vierge folle venait de meurtrir. Puis j'ai, sur un panneau d'acajou posé devant son corps inerte et ses yeux affolés, illustré, précédant l'achèvement de son écriture, cette *saison en enfer* qui, elle, bien plus que ce tir de revolver de flibustier amateur, allait renverser toutes les vieilleries poétiques pleines de fleurs, d'amours idolâtres et de vallées ombragées. J'ai rassemblé mon matériel et dit adieu à ce pauvre jeune homme effaré. De retour dans mon modeste logis de peintre amateur, j'ai, sur les panneaux d'un paravent providentiel démesurément déployés entre une tête de lit et un coin de mur, procédé comme font les policiers sur les feuillets de leurs procès-verbaux, en actant tout ce que mon pitoyable modèle venait spontanément de me révéler pour je ne sais quelle obscure raison : identité et profession du délinquant, nationalité des protagonistes, contexte alcoolisé des faits et mobile passionnel du crime. Après quoi, épuisé, j'ai délaissé la peinture à jamais.

Leur pensée qui compose ma personne tout entière n'est pas sérieuse et, croyez-moi, le destin que pour leur petite satisfaction ou leur gloriole ils m'ont façonné n'est qu'une farce grotesque.

15 (Noël)

C'est en l'an 1946, au début de l'automne, que la relique est apparue, dans une librairie du cinquième arrondissement de Paris. Un vent frisquet balayait le boulevard Saint-Germain. Les passants, courbés, maintenaient leur couvre-chef du plat de la main en s'engouffrant dans la station de métro Maubert-Mutualité. Jean Venettis avait vérifié sommairement quelques comptes, clos sa caisse, enfilé son trench-coat marron et abaissé les volets roulants en chêne de son magasin. Avant de poser l'index sur l'interrupteur en céramique noire fixé entre les deux vitrines, il s'est retourné, comme d'habitude, par superstition, pour jeter un dernier regard vers son vieux comptoir à façade panneautée et plateau en marbre. Il l'a aperçue, là, posée sur quelques exemplaires empilés du prix Interallié de l'année, *Poussière du temps*, de Jacques Nels, publié chez un éditeur parisien de la rue Alphonse-de-Neuville au nom aujourd'hui oublié. Il s'en est approché dans un frisson d'appréhension mêlée de jouissance, l'a saisie entre ses mains tremblotantes et a plongé ses yeux dans ceux de l'adolescent hagard recroquevillé sur son lit, juste en face de lui. De regards en regards, il a su le voir, son génie adoré, et le reconnaître, sans aucune hésitation. C'était vraiment Noël sur la terre.

16 (insulaire)

Depuis quelques mois, Jean Venettis s'adonnait dans l'allégresse, chaque vendredi en fin d'après-midi, au même rituel, à propos duquel son épouse, lassée et déprimée, avait renoncé à ses récriminations et vaines menaces d'émancipation. Il jetait un dernier regard vers le fond de sa boutique, fermait la porte avec une longue clé en fer forgé et descendait le boulevard Saint-Germain jusqu'à la rue des Carmes, où il entrait au cabaret du Sabot d'Or pour siroter, seul et enfin libre de fantaisie, une liqueur de gentiane, son petit alcool de tous les jours depuis qu'il avait lu dans *L'Aurore* une publicité qui vantait les bienfaits des racines de cette plante, « connus depuis les temps les plus reculés », et instituait la Suze – nom commercial de ce breuvage doré – « amie de l'estomac » recommandée par les médecins pour stimuler l'appétit et, promesse plus exaltante encore, ranimer les forces. Il traversait le pont de l'Archevêché, le pont Saint-Louis et poussait la porte d'un café de la rue Jean-du-Bellay, l'Oasis, où l'attendaient dans une arrière-salle aux murs beiges déjà enfumée quelques amis écrivains, peintres et journalistes. L'île Saint-Louis, lieu de leurs rendez-vous, avait inspiré le sobriquet géographique dont ces joyeux drilles avaient baptisé leur cercle, les Insulaires, qui se prêtait à toutes sortes de jeux de mots plus ou moins subtils. Ses comparses l'accueillaient toujours avec la même question : « Cher Jean, quel quai ton bateau ivre a-t-il accosté ? » Dans une liesse chaque fois victorieuse des embarras domestiques et au milieu du tintement des verres de pinot noir et des chopes de bière, on récitait les *Illuminations* à tue-tête sous les bravos et les hourras. Un certain niveau d'ivresse collective atteint, la *daromphe* – la maman d'Arthur, honnie hargneusement par les rimbaldiens de tous poils comme Yoko Ono, autre *Mother Superior*, par les dingues des *Fab Four* – était conspuée, Coppée hué, les lys et les roses profanées. Le patron de l'Oasis avait dû déplorer l'un ou l'autre débordement d'hilarité qui l'avaient mis en rogne, comme ce lancer dans la Seine d'une table de café, que trois ou quatre insulaires ivres morts avaient espéré voir danser sur les flots, plus légère qu'un bouchon, mais qui avait piqué net, les pieds tournés vers Orion. Ils se quittaient au petit matin, nauséeux, après avoir scandé en chœur les cinq paragraphes d'*À une raison*, illumination qu'ils avaient élue à la quasi-unanimité – le petit clan des *Voyelles* a, ce jour-là, déserté l'assemblée sous la bronca – chef-d'œuvre inégalable de leur idole, et hurlé, penchés sur un parapet, ces mots qui couvraient les clapotis de la Seine : « Élève la substance de nos vœux, on t'en prie ! » Jusqu'à leur exaucement donc, dans les locaux de la librairie La Palladienne, au numéro 66 du boulevard Saint-Germain, à quelques pas de la rue Victor-Cousin et de cette chambre jolie où Arthur n'avait bu, lui, que de l'eau, toutes les nuits.

17 (pèlerinage)

Le Thalys est entré en gare du Nord quelques minutes après dix heures du matin. J'ai plongé dans les couloirs souterrains du métro et pris un train de la ligne 4, direction Mairie de Montrouge – je me revois en d'autres temps et je ne sais où, consulter devant un carrelage mural en céramique blanche un plan plastifié à cinquante centimes de franc français sur lequel toutes ces lignes monochromes s'arrêtaient aux portes de Paris, devenues depuis des stations comme les autres, la Porte de la Chapelle face au Front Populaire, Robespierre hors les murs derrière la Porte de Montreuil, ou celle de Versailles à franchir pour aller honorer, quelques centaines de mètres plus loin, la mémoire du résistant communiste Celton – jusqu'à Odéon. Perdu au milieu d'une vingtaine d'affiches de cinéma sous plexiglas, j'ai cherché ma direction et demandé de l'aide à un kiosquier. Là, au rez-de-chaussée de cet immeuble haussmannien, la librairie de Jean Venettis avait comme tant d'autres disparu, remplacée – et chaque fois dans ce cas, je me demande comment on avait pu entre ces murs feuilleter livres et revues en en humant, discrètement si possible, les pages parfumées – par un commerce de chocolats belges à l'enseigne Jeff de Bruges. Par la force des choses velléitaire de nature, je n'ai pas osé, heureusement, en pousser la porte enrubannée de papier argenté comme un ballotin géant de ce que les Belges nomment *pralines*. Qu'eussé-je donc bafouillé face à ce vendeur en tablier violet prêt à enfiler ses gants blancs ? Installé à la terrasse d'une brasserie devant un sec-beurre et un demi, j'ai ri de ce pèlerinage qui m'avait conduit contre toute attente, comme un détective privé de bande dessinée burlesque et sans cesse égaré, à ce tour facétieux du destin, à cet autre Jef, de marque industrielle et de publicité celui-là, plus controuvé encore que ma propre personne. Revenant sur mes pas, j'ai fait un détour par la rue de la Chaise où, dans une autre vie, réelle celle-là, je crois, j'avais étudié pendant deux ans l'histoire *contemporaine* – toutes ces crises du siècle dernier décortiquées et démêlées comme de simples équations, ce qui nous laissait tous néanmoins pantois et désemparés devant les nouvelles d'aujourd'hui – dans un honorable établissement dont quelques figures tutélaires de jadis, devant lesquelles nous nous inclinions en tressaillant de déférence, s'étaient depuis pitoyablement effondrées sous l'opprobre et les invectives.

18 (palladienne)

Les pulsions mercantiles du libraire commerçant engloutirent en une poignée de jours ses premières transes spirites. Ce regard de Rimbaud qui l'avait visité, pourquoi, après tout, ne pas l'exploiter ? À genoux dans une posture que désormais nulle adoration n'inspirait et l'œil droit collé au viseur de son vieil appareil à soufflet de marque Lumière, Jean Venettis a photographié le panneau peint puis commandé à un ami, tireur professionnel installé rue des Ciseaux, une centaine d'épreuves sur papier grand format. Soucieux maintenant de la protection de ses droits, il a traversé le boulevard, monté la rue Valette et longé les murs encrassés du Panthéon – et au passage, je joins ma voix à celle de celui qui a crié : « N'entre jamais ici, Arthur ! » – pour aller en déposer un exemplaire avec cachet de la librairie La Palladienne au secrétariat de la Bibliothèque littéraire Jacques Doucet. À la question du secrétaire sur le titre du document iconographique à enregistrer, il a, embarrassé par la référence farfelue à cette dame Pincemaille, préféré répondre, sans réfléchir, le regard tourné vers un volet blanc de fenêtre entre les battants duquel perçait une lumière orange d'octobre : « Arthur Rimbaud sur son lit d'hôpital à Bruxelles, peinture par Jef Rosman. » L'employé a écrit, forçant peut-être inconsciemment le trait flamingant, *Jeff*, comme celui de Bruges. De retour dans sa boutique, Jean Venettis a installé sa trouvaille en vitrine, à côté d'une pancarte annonçant la vente en magasin de reproductions photographiques pour le prix « exceptionnel et très avantageux » de cinq francs. Avec ce sacrilège commencèrent ses malheurs.

Le bruit de la fabuleuse découverte d'un portrait inédit du poète voyant se propagea dans le Tout-Paris – où on le surnommait machinalement, d'un air entendu, « l'homme aux semelles de vent » – à la vitesse de combustion de la poudre. Les curieux défilaient à La Palladienne pour le contempler et en examiner chaque détail. Quelques sommités des arts et des lettres poussèrent la porte de la librairie pour se livrer à des travaux d'expertise improvisés : Paul Éluard, Francis Carco, ou les rimbaldiens émérites Miss Enid Starkie et Henry de Bouillane de Lacoste. Un d'eux, nommé Jules Mouquet, qui s'était juré de faire mieux que ce marchand de livres, se distingua quelques mois plus tard par l'attribution hasardeuse et hâtive à Rimbaud d'une œuvre inconnue dont le titre burlesque, *Lettre du Baron de Petdechèvre à son secrétaire au château de Saint-Magloire*, eût dû pourtant l'inciter à la plus grande prudence, et qu'à la faveur de cette bourde, on peut encore dégoter dans d'antiques volumes de la Pléiade. Le déchiffrage et l'interprétation de la curieuse légende devinrent, dans les cercles littéraires parisiens, un divertissement à la mode. Au sujet de mon nom, certains prétendirent avoir lu sur le paravent Rosmen, Rosmer, ou même Rosneck. Celui de la marchande de tabac inspira aux graveleux, qui joignaient le geste à la parole, des calambours obscènes. Un rimbaldien sceptique et suspicieux émit des doutes sur l'authenticité de l'œuvre et publia dans une revue ardennaise un article dubitatif. Aux questions pressantes de journalistes reporters en quête d'informations exclusives, Jean Venettis, raide d'inquiétude, finit par déclarer qu'il avait acheté ce trésor à un client verni qui l'avait déniché et habilement marchandé quelque part aux puces. On décela parmi les moues perplexes quelques clins d'yeux narquois.

19 (marchandage)

Cette visite-là, Jean Venettis, enclin à la pensée magique et à ses jeux divinatoires pratiqués en secret, l'avait pronostiquée par un lancer réussi de mouchoir dans le tiroir ouvert de sa table de chevet. Il l'a reconnu dès qu'il a franchi la porte de La Palladienne, avec sa carrure de garde du corps, son nez camard, ses mains épaisses, son front immense et ses cheveux noirs brillantinés. Henri Matarasso exploitait au 72 de la rue de Seine une librairie spécialisée dans la vente d'autographes et de livres anciens. Il ne déclinait aucune invitation mondaine et, dans les dîners, s'octroyait voluptueusement, de sa voix rocailleuse, le titre de « fou de Rimbaud », depuis qu'il avait inscrit au catalogue de ses ventes une lettre autographe signée du commerçant d'Aden à l'explorateur Jules Borelli, datée du 25 février 1889.

Il s'est assis sur un tabouret haut, derrière le comptoir, a allumé une gauloise brune, et a entamé la négociation par un effet préparé de surprise :

— Ton tableau, Jean, est un faux manifeste, tu le sais. Son motif néanmoins me bouleverse, pour les raisons que tu connais. Je t'en offre le prix sentimental, et partant déraisonnable, de vingt mille francs.

Jean Venettis, que de coriaces insomnies affligeaient depuis quelques jours, avait ruminé des nuits entières un argumentaire qu'il connaissait maintenant par cœur :

— Pour quelle raison saugrenue ton faussaire supposé aurait-il inventé cette adresse bruxelloise ignorée de tous les rimbaldiens ? Henri, as-tu lu le texte de cette légende ? Son auteur – cela ne t'a pas échappé, j'en suis certain – n'a décerné le titre de poète qu'à ce pauvre Verlaine, mais non à son jeune ami, parfaitement inconnu à l'époque.

Un peu de flagornerie ferait peut-être céder le propriétaire récalcitrant qui venait de publier à compte d'auteur aux éditions de La Palladienne un recueil de poèmes en vers. D'un geste emphatique, Henri Matarasso s'est emparé d'un exemplaire des *Poèmes désordonnés* de Jean Venettis, avantageusement exposé sur une table de la librairie, et a commencé à lire d'un ton exalté :

— *Les dieux m'ont départi l'esprit le plus abstème. Je l'eusse voulu plus frelaté, afin que sous mes yeux la nature elle-même se répétât sans satiété.* C'est absolument remarquable. Me ferais-tu l'honneur d'une dédicace ? Bien, Jean, je puis aller, pour toi, parce que c'est toi, jusqu'à trente mille francs.

— Henri, la valeur de ce portrait est inestimable. Tu le sais. C'est elle qui t'excite. Songe un instant qu'il a été exécuté quelques jours seulement après le drame de Bruxelles. Peut-être pourrais-je envisager de le céder pour le prix, disons, de cent mille francs. Contemple ce regard dans lequel perce déjà, sache au moins le reconnaître, toute la fureur de ces mots jetés sur le papier par le reclus de Roche.

Jean Venettis s'est penché pour saisir, sur le rayon d'une vieille étagère en pin, une édition récente d'*Une saison en enfer* préfacée par Claudel, qu'il a ouverte au deuxième chapitre :

— *Les entrailles me brûlent. La violence du venin tord mes membres, me rend...*

— Mais tais-toi donc, charlatan !

Avant de sortir de la librairie en enfilant son imper qu'il fit virevolter comme une cape autour de ses épaules, Henri Matarasso a marmonné quelques mots parmi lesquels Jean Venettis a cru entendre *écrivailleur*.

20 (dada)

À son regard envoûteur de magicien, Jean Venettis n'a pas pu résister.

Il fréquentait assidûment La Palladienne, comme toutes les autres librairies de la Rive gauche. Il a ôté sa paire de lunettes aux cercles trop étroits pour son visage devenu rondelet, puis, penché comme un entomologiste sur ses bocaux, son nez effleurant le bois, a, silencieux, fixé de ses yeux myopes le tableau pendant de longues minutes. Les poings dans les poches de sa veste gris anthracite, il s'est soudainement retourné, en appui sur le talon de son pied droit levé, pour lui parler d'un travail qui l'occupait alors : une introduction qu'un éditeur suisse lui avait proposé de composer pour une édition de luxe des œuvres complètes d'Arthur Rimbaud. Ce portrait saisi à l'instant du drame bruxellois en illustrerait sublimement le contenu. Dans un premier jet d'écriture, il avait d'ailleurs évoqué, au sujet des faits du 10 juillet 1873, un *tournant décisif* dans le destin du poète de Charleville. En lui cédant cette œuvre, lui, son ami Jean, avec lequel il avait autrefois, rue de Lille, dans un pêle-mêle de livres, de manuscrits et de masques africains, passionnément discuté les avis péremptoires de Breton sur l'exil besogneux du commerçant d'Aden, prendrait part à l'accomplissement du rêve qu'il nourrissait depuis tant d'années : dans un ouvrage de référence, unir son nom à l'œuvre de l'adolescent qui l'avait précédé dans son projet destructeur de toute beauté prétendument artistique. Ébloui et frissonnant d'émotion, Jean Venettis a accepté le prix proposé de soixante-quinze mille francs.

L'été suivant, il a réceptionné dans sa librairie, avec quelques autres commandes, un exemplaire de l'ouvrage en deux tomes édité à Lausanne par Henri Kaeser. Inquiet, il en a feuilleté les premières pages. Elle était bien là, cette image qui avait habité le temps d'une saison La Palladienne, dans une reproduction en noir et blanc, avec, transcrits en minuscules, les mots de la fameuse légende et, surtout, cette mention de crédit dont la lecture lui a écrasé la poitrine : « Reproduction interdite – Collection H. Matarasso. » Tristan Tzara avait donc agi secrètement pour le compte de son ami bibliophile de la rue de Seine, à qui il avait jadis acheté quelques précieux autographes, de Jarry notamment. Défait, il a composé sur le cadran rotatif de son téléphone le numéro de la librairie Matarasso, Danton 54-38. Après la première sonnerie, la gorge serrée, il a reposé le combiné.

Il a fermé sa boutique, monté la rue Bonaparte, puis, au niveau de la rue du Vieux-Colombier, traversé obliquement la place Saint-Sulpice vers une venelle sans jour au bout de laquelle, devant les grilles du jardin du Luxembourg, parmi quelques passants affairés ou distraits qui ne virent rien, les brumes de son œuvre – à moins qu'à l'instant se manifestât à notre appel l'improbable exégète contemporain de *La Gerbe archaïque* – comme celles de sa vie se dissipèrent à jamais.

21 (André)

Pour pouvoir se livrer à la juteuse spéculation que laissait miroiter sa nouvelle acquisition, il fallait qu'Henri Matarasso m'identifiât, moi, le peintre Jef Rosman, chose impossible puisque – me relire m'est insupportable et je commence peut-être à me répéter – je n'ai jamais existé.

Eugène Flagey, bourgmestre d'Ixelles et avocat au barreau de Bruxelles, dînait avec Henri Matarasso dans un bistrot de la rue Jacob chaque fois qu'il séjournait à Paris. Il jetait un regard distrait de courtoisie vers l'ardoise déposée aux pieds du comptoir, sur laquelle étaient inscrites à la craie bleue les suggestions du jour, mais son choix ne variait jamais : poireaux vinaigrette et bavette à l'échalote. Lorsque son ami libraire lui confessa son embarras au sujet de ce Jef Rosman, peintre inconnu, Me Flagey claironna avec forfanterie cette formule d'avocat qui avait consolé tant de clients : « Démêler les nœuds, c'est mon métier. » De retour dans son cabinet, il chargea un jeune stagiaire, dont il avait remarqué l'intrépidité à la barre dans une cause criminelle plaidée devant la cour d'assises d'Arlon, de dénicher dans les registres communaux de la Ville de Bruxelles un citoyen nommé Jef ou Joseph Rosman, âgé d'au moins seize ans en juillet 1873. Il pourrait prendre langue avec son collègue

Joseph Vandemeulebroeck, bourgmestre de la capitale, qui, si nécessaire, lui octroierait gracieusement quelques précieuses facilités pour les démarches à accomplir. Un mardi en début de matinée, Me Laurent Winkinsen entra sans frapper dans le bureau de son maître de stage pour lui lire sur un ton de proclamation académique ces quelques notes griffonnées sur une feuille de brouillon : « André Marie Joseph Rosman, né à Bruxelles le trente et un janvier mil huit cent cinquante-trois, domicilié rue des Fabriques 13 depuis le recensement de mil huit cent soixante-six, rayé pour Liège le vingt-neuf mars mil huit cent septante-huit. » Me Flagey envoya à son cher Henri par courrier prioritaire une copie de l'extrait d'acte d'état civil que l'échevin délégué Van den Heuvel avait dressé à sa requête.

Les preuves d'authenticité réclamées impatiemment sur un ton moqueur par les incrédules endurcis furent produites dans les pages du *Mercure de France* du mois de novembre 1947. La contribution proposée sous le titre *À propos d'un nouveau portrait de Rimbaud* avait enthousiasmé le directeur de la revue, Paul Hartmann, qui avait flairé la polémique. Aucun argument, fût-il le plus grotesque, n'avait été oublié. Le peintre Jef Rosman, qui s'appelait en réalité André Rosman, avait donc été formellement identifié par un éminent juriste bruxellois. Les travaux d'un expert renommé avaient mené à cette conclusion tellement péremptoire qu'elle confinait à l'absurde : le tableau avait été réalisé « sans nul doute d'après nature entre 1873 et 1875 ». Les mots de la fameuse légende évoquaient indiscutablement « l'esprit et le parler populaires belges » de la fin du XIXe siècle – assertion dont tout le comique échappa vraisemblablement aux Parisiens. Le propriétaire du trésor en avait négocié le prix avec « férocité » – alors que les marchands de contrefaçons commercent, comme nul ne l'ignore, courtoisement. Les lumières de Valentine Hugo, productrice en série et à la chaîne d'étranges portraits d'Arthur, qu'elle affublait systématiquement de lèvres exagérément pulpeuses, étaient invoquées avec déférence : tremblante devant l'image de son idole éprouvée, elle avait affirmé, les yeux mouillés de tendresse, qu'il était « impossible de créer d'imagination une telle expression de visage ». L'article du *Mercure de France*, truffé de bien d'autres sornettes encore, subjugua Saint-Germain-des-Prés et assit définitivement son auteur, Henri Matarasso, sur son trône de gloire rimbaldienne.

Dans le récit embelli de ses prodigieuses découvertes, il avait épargné à ses lecteurs éblouis les accusations de faux qu'il avait d'abord portées contre le pauvre libraire du boulevard Saint-Germain.

22 (dictionnaires)

Et alors, poussant plus loin leurs manigances et débridant leur audace, ils ont, dans les pages de leurs dictionnaires Rimbaud, entre les rubriques « Roche » et « Satan », substitué au creux béant de mon essence le destin de cet homme, André Rosman, qui jamais au cours de sa vie ne fit usage pour sa propre personne du diminutif *Jef* de son troisième prénom.

Comme lui, j'étais donc né hollandais à Bruxelles le 31 janvier 1853, dans une famille catholique très pieuse. J'avais acquis la nationalité belge le 12 octobre 1874. Promis à la succession de mon père dans la gestion d'une petite usine familiale de fabrication de levure, je m'étais détourné de la foule qui sermonne : « On ne part pas. » J'étais parti. Mes parents avaient poussé des cris d'indignation – d'angoisse en réalité ? – en m'accusant d'ingratitude, crime abominable pour l'ordre des familles. Dans la banlieue de Gand, j'avais exercé le rude métier de blanchisseur, avant d'embarquer au port d'Anvers en 1920 pour une traversée sans retour de l'océan Atlantique, des rêves de vie recommencée et de travail exaltant plein la tête. Là-bas, à Mishawaka, dans l'Indiana, où m'avaient rejoint ma tendre Marie et nos enfants adorés Henri et Madeline, j'avais connu le cauchemar des chaînes de montage automobile dix heures par jour. Ils m'avaient vu parfois pleurer de rage, le visage dissimulé dans un grand mouchoir beige au liseré marron. Je leur avais alors parlé, pour faire bonne figure, d'accès de nostalgie ou de fatigue passagère et les avais emmenés le long des rives de la rivière Saint-Joseph observer aux jumelles les canoés ballottés dans ses bouillons limpides et emportés par le courant vers le grand lac Michigan. Quelques mois avant d'accéder à la retraite, devenu pour mon employeur trop lent et trop faible, j'avais, au titre d'une mesure sociale, été rétrogradé au rang de simple balayeur. Décédé à Chicago le 25 novembre 1932, j'avais été inhumé au cimetière de River Grove, où ma tombe, sa tombe autrement dit, avait plus tard suivi dans leur affaissement les terres qui l'avaient portée. Vos recherches sur le site *findagrave.com*, qui répertorie toutes les tombes d'Amérique, vous mèneront, vous aussi, jusqu'à cette pathétique image d'une parcelle de gazon photographiée par un passant inconnu, assortie de ce commentaire : « Malheureusement, il n'y a pas de pierre pour André Rosman. Il est enterré entre Mary Pusateri et Carlos Pla. Les fleurs indiquent où se trouve sa tombe. » Sous leurs pétales en plastique rouge pendouille, fixée à leurs tiges en fil de fer torsadé, une étiquette code-barre qui évoque, mieux que tout le reste alentour, l'inéluctablement mortel.

Méfiez-vous des dictionnaires thématiques. Leur prétention à l'exhaustivité peut duper. Car, en vérité, jamais les mains d'André Marie Joseph Rosman, fendillées par la levure sèche, brûlées par les vapeurs bouillantes, noircies sous les ongles par l'huile des machines, blessées par l'acier des outils, ne furent souillées par des pigments d'artiste.

23 (collage)

Depuis que vous avez ouvert les pages de mon cahier, cette œuvre, enregistrée maintenant sur le fond de votre écran, vous obsède. Vous en avez scruté chaque détail. Vous avez trouvé la main droite d'Arthur, sur laquelle sa tête repose, flasque, presque spongieuse, et le pli du drap blanc étrangement rigide et mal ajusté au bord du matelas. La perspective du paravent vous a semblé approximative et l'ombre de ses panneaux sur le mur du fond excessivement géométrique. À partir de son épaule gauche, trop large, vous êtes remonté jusqu'à ses lèvres, dont la courbe inversée d'émoticône, forçant le trait tragique, vous a fait sourire, puis enfin vers ses yeux. Sur l'écran de votre tablette, vous avez, du pouce et de l'index, élargi le cadre de son visage. Vous l'avez incliné de quarante-cinq degrés pour une sorte de face-à-face virtuel. Et soudainement, dans un éclair mnésique, vous l'avez reconnue, cette image qui vous poursuit depuis l'adolescence.

Vous avez tenté de rassembler tous vos souvenirs de ses inéluctables apparitions. Le 20 juillet 2017 par exemple, à Charleville-Mézières, imprimée sur du papier journal collé sur un mur jaunâtre par celui grâce auquel quelques passants privilégiés croisèrent, en 1978, ce vagabond d'Arthur traînant sur le boulevard Saint-Michel, Ernest Pignon-Ernest. Le 5 avril 2018, à Bruxelles, peinte à l'aquarelle, cheveux jaunes et verts, visage bleu et rouge, par Fernand Léger. Le 7 août 2020, à Paris, à la une de *L'Obs*, photographiée par fétichisme dans la chambre d'un hôtel de la rue Vaneau. Le 30 avril 2022, à Douai, taguée à la bombe aérosol dans la rue Léon Gambetta aux devantures de commerce abandonnées. Punaisée au mur d'une chambre d'enfant, au-dessus d'un berceau, dans une chanson de Renaud – Arthur coiffé « en brosse » ? C'est trop dire, me semble-t-il. Sur une carte postale, en photomontage sous les terrasses des restaurants de la rue de Buci. Sur le macaron d'un disque vinyle de Pete Doherty. Egarée dans la série des *Grands Hommes* de Marlene Dumas entre Piotr Tchaïkovsky, Rainer Werner Fassbinder ou Michel Foucault. Reproduite, peinte, colorée, placardée, détournée, numérisée, comme la banane du Velvet Underground, à l'infini. Le portrait d'Arthur Rimbaud par Étienne Carjat est une image warholienne.

Dans ce cahier devenu vôtre, vous avez alors écrit en marge d'une page choisie au hasard : *ce portrait est un collage, j'en démasquerai l'auteur*. Puis à la gomme Staedtler, vous avez – merci – effacé mon nom.

24 (Jean)

Lui n'exerçait pas son métier dans un immeuble cossu du boulevard Saint-Germain ou de la rue de Seine. Il ne proposait rien sur catalogue, ni lettres autographes ni luxueuses éditions originales. À la place, ouverte aux intempéries, qu'il occupait, il n'eût pu publier un Michaux, comme Henri Matarasso, ni même ses propres vers, comme Jean Venettis. Car il vendait des journaux dans un kiosque de la rue – devenue depuis avenue – de Flandre à Paris, des journaux de toutes sortes, sans exclusive ni hiérarchie, *Le Magazine littéraire* aux couvertures illustrées par Raymond Moretti, *Point de vue-Images du monde* ou *Pif Gadget*, et quelquefois ces revues haut perchées au sommet des présentoirs latéraux, que les clients réglaient précipitamment en un tournemain, compte juste, et emportaient, pliées en deux et glissées dans la poche intérieure de leurs manteaux, d'un air dégagé. Sans oublier tout le reste, plans de métro, chewing-gums à la menthe, porte-clés en plastique acrylique à l'effigie de la basilique du Sacré-Cœur ou de l'Arc de triomphe – pour quels touristes égarés là à quelques pas du périphérique nord ? – et doubles barres chocolatées.

Dès qu'il pouvait s'extraire de son triste parallélépipède rectangle d'aluminium et de plexiglas, il prenait la plume pour dépeindre, dans un style libre et ondoyant comme les croches d'une toccata tissée d'allégresse et de mélancolie, toutes les pluies de Loire-Inférieure (en dix pages qui m'ont désespéré, moi qui, pour décrire une librairie de quartier chic, m'essouffle après quelques mots), les escapades clandestines d'un grand-père contraint, confondu par la suspicion des femmes et tout penaud, à des aveux cafouilleux et pour tout dire « abracadabrants » (notez qu'admirateur, lui aussi, du poète de Charleville, il n'a pas osé le fameux *abracadabrantesque*, lugubrement dévoyé quelques années plus tard à des fins judiciaires et politiques), de désopilantes excursions en vieille Citroën 2CV perméable au plus insignifiant crachin ; puis, au milieu de toutes les joyeuses kermesses de l'enfance, rappliquant sans cesse pour en interrompre cruellement les jeux, la mort, de tante Marie, de son père surtout, qui l'a jeté sur « un archipel de ténèbres », et enfin, remontant dans les décennies du siècle (devenu le siècle dernier), guidé par quelques cartes écornées retrouvées dans le fatras des greniers, celle aussi de ces sacrifiés de 1916 et 1917, deux frères tombés à un âge auquel, lui, s'adonnait encore à l'étude des lettres modernes, au milieu de « l'enfer des hommes », un enfer vraiment digne, celui-là, de ce nom. La suite est fameuse, vous la connaissez sans doute : publication à la fin de l'été 1990, couverture blanche au liseré bleu ciel, naissance d'un écrivain, sacre triomphal dans les premiers jours du mois de novembre, six années après Marguerite Duras, excusez du peu.

Une trentaine d'années plus tard, c'est le même, ce cher Jean, qui, dans les pages d'un essai d'astronomie rimbaldienne, a écrit ces quelques mots dont la lecture m'a fait frissonner d'allégresse, que je vous souffle à l'oreille comme un mantra, et qui insuffleront à votre promesse l'élan qui lui manquait : « Jef Rosman n'existe pas. » Transmué, vous partirez alors enquêter sur le destin de ce Jean Venettis, qui jamais ne daigna livrer le nom de celui qui lui avait cédé son artificieuse merveille. Vous ressusciterez la mémoire engloutie de ces mystérieux *insulaires* de la rue Jean-du-Bellay, poètes, romanciers, peintres surtout, dont vous collecterez par un travail de fouille patient et acharné les œuvres dispersées et oubliées. Arrivé au bout de vos efforts, vous dévoilerez triomphalement l'identité du profanateur qui, en 1946, crut sottement exalter le mythe du poète maudit par la figuration pathétique d'une séance de pose dégradante.

Déambulant dans les rues de Paris, vous partirez alors, comme un bateleur, crier son nom dans les lieux listés ici, sur cette dernière page de cahier que, dans un instant, vous arracherez d'un geste vif et précis qui, tel un coupe-papier, en lacérera le pli intérieur :

- devant la Gare de Lyon, sur le boulevard Diderot, où s'élevait jadis la prison de Mazas, entre les murs de laquelle furent détenus le resquilleur Rimbaud et l'assassin Troppmann ;
- rue Férou, où pour lire, peints à fresque sur quelques lourdes pierres de taille formant mur d'enceinte, les vers alexandrins du *Bateau ivre*, vous devrez flâner entre une église catholique et un palais de sénateurs ;
- à l'angle des rues Bonaparte et du Vieux-Colombier, sous l'enseigne tapageuse d'une marque de fringues pour richards ;
- rue Victor-Cousin, à l'accueil de l'Hôtel de Cluny ;

- au 49 de la rue de Babylone, où sont casernées quelques unités d'infanterie de la Garde républicaine ;
- rue Campagne-Première enfin, devant la façade de l'hôtel Istria, pour un ultime clin d'œil complice et goguenard à Tristan Tzara.

Et alors seulement, il me sera loisible, à moi, Jef Rosman sans corps ni âme, délaissant à l'éternel ce qui lui appartient de toute évidence, les mots d'Arthur par exemple, ses formules aussi et ses lieux, d'entrer de mon côté dans le néant qui m'est dû, enfin, dans ce splendide néant.

UN INTERROGATOIRE DE JUILLET

Je considère comme un abus de pouvoir tout argument
qui impliquerait ma biographie de citoyen.
Erri De Luca, *La parole contraire*

M. Charles Ligour, greffier adjoint, et moi-même, nous sommes présentés à l'heure convenue devant l'entrée principale de l'hôpital Saint-Jean, où le directeur de cet établissement en personne nous a accueillis avec la déférence due à ma charge. Nous avons été conduits à travers des couloirs aux odeurs que vous imaginez, puisque j'ai déjà prononcé le mot « hôpital », jusqu'à ce local minuscule pavé de céramique blanche qui nous avait été réservé pour l'exécution de notre devoir et dans lequel, à cette fin, avaient été installées, sous une petite lucarne grillagée à la vitre opacifiée par la crasse, une table pliante et trois chaises.

Le témoin s'est présenté devant nous avec un retard de huit minutes, ce que, contrairement à mes habitudes, je me suis abstenu de relever, craignant qu'il ne fût imputable au personnel médical qu'il ne sied pas, même pour un juge d'instruction contrarié, d'admonester. Il s'est assis sans prononcer un mot et, jambes croisées sur le côté, a commencé à pincer compulsivement le bandage de son poignet gauche en levant haut les sourcils comme font aux arrêts de tram les lecteurs de gazettes qui tentent de donner sens à la vacuité de leur attente. J'ai fait les présentations d'usage puis, comme toujours soucieux de la complète et parfaite information du justiciable, l'ai avisé que, requis par le procureur du Roi près le tribunal de première instance de Bruxelles d'instruire des faits qualifiés crime mis à charge de l'inculpé Verlaine Paul, j'avais estimé devoir me transporter – à ce mot, il m'a semblé réagir par un petit rictus presque narquois – jusqu'à cet hôpital pour l'auditionner en qualité de témoin. Je me suis, cela va de soi, enquis de son état de santé et l'ai assuré qu'il bénéficierait là des meilleurs soins. Il a alors prononcé ses premières paroles pour nous informer qu'un chirurgien venait de le visiter à l'aube et procéderait deux ou trois jours plus tard à l'extraction de la balle qui l'avait atteint et demeurait logée dans son poignet meurtri. Il a décrit des douleurs supportables et qui commençaient à s'estomper, ce dont je me suis réjoui.

Comme de droit, le témoin a décliné son identité puis épelé, pour nous en préciser l'orthographe incertaine, son patronyme : R, I, M, B, A, U, et un D final, je crois. Au sujet de son domicile, il a prononcé le mot « carolopolitain » – mon greffier s'est alors égaré vers Charleroi en Wallonie –, à mon avis pour le plaisir de savourer comme un gamin notre perplexité, légitime, plutôt que par pédantisme. Pour nous éclairer, il a évoqué Charleville, puis Sedan, et les Ardennes françaises. Il a menti en prétendant être âgé de dix-neuf ans au lieu de dix-huit, ce qui, au sujet de sa probité, a alerté ma vigilance toujours en éveil. Je dois avouer – si j'ose dire – que cet adolescent échevelé et en chemise et gilet dépareillés m'a touché, peut-être même ému, quand il a prétendu – comme l'inculpé Verlaine d'ailleurs – exercer le métier d'« homme de lettres ». Interrogé sur sa carrière, M. Rimbaud a cité quelques poèmes publiés dans des revues de province, un texte en prose notamment, au titre inoubliable : *Le rêve de Bismarck*. J'ai failli lui demander pourquoi les conquêtes territoriales du grand chancelier allemand ne lui avaient inspiré aucune rime. Heureusement je me suis tu : le trait d'esprit, fût-il fin et savoureux, ne sied pas à l'homme de loi. J'ai cédé – je sais avoir commis là une erreur, sans conséquence cependant sur l'essentiel, je veux parler de la régularité de la procédure – à cette tentation de parler de soi à laquelle, je ne sais pourquoi, les juristes, tous, juges, procureurs et avocats réunis, cèdent volontiers. Ainsi lui ai-je révélé que, moi aussi, j'avais à son jeune âge rêvé de gloire et de littérature, mais que depuis, la lecture quotidienne et fastidieuse de pièces de procédure au style rarement chatoyant et aux intitulés rébarbatifs – réquisitoire *de plus ample informé*, ordonnance *de soit-communiqué*, plainte *par action* ou *par intervention* – avait fini, hélas, par m'en détourner. Tout en balayant de sa main droite grande ouverte l'espace étroit qui nous séparait de lui, il a juste marmotté « eh bien voilà » avec une mine résignée, presque affligée, dont je n'ai pas saisi la signification exacte.

M. le directeur nous avait remis une fiche horaire qui indiquait que les plateaux-repas étaient portés – on n'oserait dire « servis » dans un tel contexte – aux patients aux alentours de midi et demi. Il était temps pour moi de conduire cette audition vers les faits criminels qui fondaient ma saisine. M. Rimbaud a déclaré n'être ni parent, ni allié, ni domestique de l'inculpé, et sans rechigner – cette précision est superflue et j'ignore ce qui me pousse à vous la fournir spontanément – a levé la main droite, juré de dire toute la vérité et rien que la vérité puis répété après M. Ligour ces mots : « Ainsi Dieu et tous ses saints me soient en aide. » Je lui ai rappelé avec gravité la sacralité de son serment puis lui ai donné, ainsi que je procède toujours pour ce genre d'audition, lecture – elle ne manque jamais de provoquer chez l'auditeur désarçonné un effet, recherché bien sûr, de soumission inquiète – de l'article 218 de notre Code pénal, qui sanctionne d'une peine d'emprisonnement correctionnel de six mois à cinq ans le délit de faux témoignage en justice. Après quoi il a déposé.

À mes premières questions sur la personnalité de l'inculpé, le témoin a répondu avec une nonchalance inimaginable, m'invitant d'abord à préciser ce que j'attendais de lui – quelle outrecuidance ! – et, plus fort encore, me suggérant ensuite d'interroger sur ce point celui que, tout au long de son audition, il a toujours appelé sèchement Verlaine. Froissé, j'ai fait une chose qu'aujourd'hui j'admets regretter et dont la pleine conformité avec les prescriptions de notre code de procédure criminelle eût pu sans doute créer débat. Rien ici – Dieu merci ! – n'a été acté. J'avais saisi dans les papiers personnels de l'inculpé une lettre, datée du 6 juillet 1873, que lui avait adressée Mme Cuif, la mère du témoin. Je lui en ai lu cet extrait : « Monsieur, j'ignore quelles sont vos disgrâces avec Arthur – le prénom du témoin – mais j'ai toujours prévu que le dénouement de votre liaison ne devait pas être heureux. Pourquoi, me demanderez-vous ? Parce que ce qui n'est pas autorisé, approuvé par de bons et honnêtes parents ne doit pas être heureux pour les enfants. » Pour se mordre la lèvre inférieure, il a, dans une pauvre grimace, découvert ses incisives, et j'ai aperçu dans son regard des larmes, qu'il a vainement tenté de dissimuler en les séchant vite dans le tissu de son pansement. Je me console en me disant que le résultat recherché a été atteint et que M. Rimbaud s'est alors ouvert à moi de son amitié avec l'homme que je venais de placer sous mandat de dépôt.

Voici ce qu'il m'a raconté. Nos deux poètes s'étaient rencontrés pour la première fois à la fin de l'année 1871, à Paris. M. Rimbaud avait fait parvenir par la voie postale quelques-unes de ses créations rimées à son futur mentor, qui, apparemment, lui avait témoigné à leur sujet le plus grand enthousiasme et l'avait invité à le rejoindre promptement là où battait le cœur de la littérature soi-disant nouvelle. Sur son séjour dans votre capitale, il ne s'est pas montré prolixe, si vous m'autorisez cet euphémisme. Il a déclaré s'être installé chez les beaux-parents de l'inculpé, marié et père d'un petit enfant âgé, sauf erreur, d'à peine deux ans. Dans un premier temps, cette cohabitation a été vécue sans encombre, semble-t-il. Rien à signaler, comme disent nos enquêteurs. Manifestement, le succès littéraire ne fut pas au rendez-vous. Il nous a dit avoir participé, avec quelques hommes de lettres, aux réunions d'un cercle dont le nom maintenant lui échappait. Je me rappelle une anecdote cocasse que le témoin nous a narrée avec une sorte de hauteur dédaigneuse qui m'a paru surjouée. Un peintre parisien au prénom curieux lui avait demandé de poser pour un portrait de groupe, et c'est bien plus tard, à l'occasion d'un séjour à Londres – je vais y venir –, qu'il lui fut donné fortuitement de contempler dans une galerie d'art l'œuvre achevée, qui le représentait assis aux côtés de son ami Verlaine, intitulée *A Few Friends*. Je l'ai congratulé, me faisant la réflexion que, dans le monde judiciaire, les artistes peintres ne portraiturent jamais que les procureurs généraux et les premiers présidents de cours d'appel, mais point les juges d'instruction – je fais ici un simple constat, sachez que je ne suis pas jaloux de caractère –, contraints dans leurs perquisitions et visites des lieux de descendre jusqu'à des bas-fonds sans doute trop vils pour l'art.

Sous un toit devenu trop étroit pour une assemblée aussi bigarrée – deux poètes, une épouse, un petit bambin et des parents légitimement inquiets, cette débâcle était inscrite dans les astres ! –, l'ambiance a vite cessé d'être chaleureuse pour tourner à l'aigre, avec quelquefois, ai-je cru comprendre, crises de colère et même voies de fait. Contrarié par les récriminations incessantes de son beau-père, M. Verlaine a choisi de fuir en Angleterre, abandonnant éhontément – d'aucuns diraient « plantant sur place » – femme et enfant. Notre témoin l'a poursuivi jusque-là. J'ai, comme vous pouvez le supposer, demandé à ce jeune mineur d'âge ce qui l'avait ainsi conduit à filer outre-Manche avec un homme marié en flagrant délit d'infraction à ses plus élémentaires devoirs conjugaux. Il ne m'a pas répondu. Nos compères ne pratiquaient ni l'un ni l'autre la langue de Shakespeare, mais avaient pris la ferme résolution d'en faire l'apprentissage, notamment par un travail assidu de lecture en bibliothèque. Leurs pauvres revenus, tirés de quelques leçons particulières de français et de correspondances adressées à des journaux ardennais, ne pouvaient satisfaire leurs besoins élémentaires. La mère de l'inculpé leur prodiguait donc un soutien financier hebdomadaire, manifestement indispensable. Ô délicieuse indolence du poète !

La bohème ne fait fantasmer que les sédentaires nantis. Une querelle à l'allure très ménagère acheva de défaire les liens d'affection qui unissaient nos deux amis, que la rudesse de leur pathétique aventure londonienne avait déjà commencé à distendre. M. Rimbaud a d'abord refusé d'en dévoiler la cause, par crainte – je cite ses mots de mémoire – de m'emmener trop bas dans le piteux. Cette pudeur feinte m'a exaspéré. J'ai, en juge digne de ce nom, aguerri par tant de dépositions aux extravagances les plus déroutantes, ravalé sur-le-champ mon irritation et préservé ainsi cette apparence d'impartialité qui fait la grandeur de notre ministère. Je lui ai appris que ce qu'il appelait, lui, « le piteux », finissait toujours par s'insinuer dans chacun de mes dossiers, même lorsqu'il impliquait la personne apparemment la plus honorable, au détour d'une lettre sottement oubliée au fond d'un tiroir, de quelque rendez-vous clandestin malencontreusement jeté en pleine lumière ou d'une habitude honteuse soudain dénoncée anonymement, et que l'heur d'y échapper, au « piteux », n'appartenait qu'aux paresseux – je ne citerai le nom d'aucun collègue, bien sûr, ce n'est pas mon style – qu'un survol nonchalant des apparences suffisait à contenter. Il a compris, je crois, que mes travaux méticuleux et mon obsession du détail m'y ramenaient, moi, en revanche, sans cesse. Je lui ai donc demandé de poursuivre sans fausse sensiblerie. En vain. Son discours confus sur la prétendue indolence de son ami et les blâmes très nébuleux qu'il lui aurait adressés à ce sujet m'a paru fumeux et mensonger. Je n'ai pas insisté. La contemplation de la pleine vérité échappe aux pauvres mortels que nous sommes et quand l'homme de la rue nous enjoint sottement de la dévoiler de cap à pied, il tient les juges pour dieux. Courroucé, l'inculpé a abandonné son collègue poète, quitté Londres, pris le bateau pour Anvers – le témoin n'a pas prononcé le s final, ce que je me suis permis de lui faire remarquer – et rejoint Bruxelles avec l'intention d'y appeler, repentant, son épouse. M. Rimbaud, perdu et sans le moindre sou, a suivi la même route et rejoint l'inculpé dans notre capitale. De nouveau, je lui ai demandé pourquoi il avait ainsi poursuivi ce pauvre homme désireux de rassembler enfin son honorable famille. À mon grand étonnement, il a répondu que lui et son ami n'avaient aucun motif valable de « se séparer », ce que j'ai évidemment – ceux qui déposent en justice méconnaissent souvent, même quand ils se disent « hommes de lettres », la force des mots – pris grand soin de faire acter au procès-verbal. Bref, nos compères se sont retrouvés dans une chambre de l'hôtel À la ville de Courtrai – je l'ai visitée, avec ses quelques meubles défraîchis et, soyons rigoureusement exacts comme en reconstitution, son lit de deux personnes – à quelques pas de la Grand-Place.

M. Rimbaud m'a relaté cet effroyable attentat qui venait de le frapper dans sa chair avec une désinvolture qui tranchait avec l'extrême gravité des faits. Il a d'ailleurs protesté quand je lui ai révélé qu'après avoir inculpé M. Verlaine de tentative d'assassinat, je venais de décerner à son encontre un mandat de dépôt exécutable à la prison des Petits-Carmes. Il a osé me parler d'« excès » et peut-être même d'« abus » – je ne sais plus –, a levé les yeux, puis, avec un accent grasseyant soudain plus marqué, prononcé ces mots : « Ce pauvre Verlaine. » Je lui ai répondu, et je me demande si je n'ai pas là frôlé le sarcasme, que la juste qualification des faits pénalement répréhensibles et l'art poétique relevaient de compétences antagonistes – là l'inspiration, ici la rigueur d'analyse – et que, grâce au ciel, les juristes œuvraient sans muse et les poètes sans code. J'ai alors, je crois pouvoir m'en targuer, refroidi net son ardeur protestataire.

Il y a du tragique et du loufoque dans cette affaire. Le jeudi 10 juillet dernier, en début de matinée, ce pauvre Verlaine s'est mis à clamer qu'il désirait tout à la fois et en même temps, c'est-à-dire épouse et – allons, osons employer le mot maintenant ! –

amant. Pareille requête comble rarement celui qui la forme : M. Rimbaud lui a illico signifié son désir de rentrer seul à Paris. Rageux, l'inculpé a quitté précipitamment l'hôtel – je dois dire que, si M. Verplaets, tenancier de cet établissement, m'y a accueilli avec la plus grande prévenance lors de ma descente sur les lieux, je ne pourrais néanmoins en faire la recommandation à l'honnête homme soucieux d'un élémentaire confort – pour aller boire quelques faros – le faro ? C'est une bière typiquement bruxelloise – dans un débit de boissons de la Grand-Place. Il s'est ensuite dirigé vers les galeries Saint-Hubert, est entré dans le magasin d'un armurier, où il a fait l'acquisition d'un revolver de sept millimètres à six coups avec gaine et boîte de cinquante cartouches, au prix de vingt-trois francs. Un sieur Leroy, associé de cet armurier nommé Montigny, m'a révélé avoir initié l'acheteur au chargement de cette arme à feu. Mué en forcené par une consommation abusive d'alcool, notre poète en colère est retourné dans sa chambre d'hôtel pour aller exhiber fièrement devant son ami ce que ce dernier a parfois erronément appelé lors de son audition – cette erreur est excusable – un *pistolet*. Je me suis assuré que M. Ligour actait avec exactitude les mots effroyables qu'aurait alors, selon notre témoin, prononcés l'inculpé : « C'est pour vous, pour moi, pour tout le monde. »

M. Rimbaud a cru pouvoir, poursuivant son récit, faire l'ellipse d'un fait qu'il avait pourtant relaté à l'inspecteur de police Joseph Delhalle lors de sa première audition. Permettez-moi de vous lire l'extrait relevant – ce qui signifie pertinent dans notre jargon de juriste – du procès-verbal dressé par cet excellent agent : « Ce matin, il est allé acheter un revolver au passage Saint-Hubert, qu'il m'a montré à son retour vers midi. Nous sommes allés ensuite à la Maison des Brasseurs, Grand-Place, où nous avons continué à causer de mon départ. » Je lui ai fait observer que la rigueur et la précision avec lesquelles il avait répondu aux questions de ce policier siéraient aussi parfaitement à son interrogatoire par un modeste magistrat instructeur. Il m'a présenté ses excuses et a prétendu avoir omis par distraction ce qu'il a appelé « ce détail ». J'ai souvent observé que victimes, témoins, inculpés et prévenus, tous ensemble, partagent ce même travers : l'usage du mot « détail » pour qualifier les circonstances de fait qui leur causent embarras. Combien de fois ai-je entendu déclarer : « J'ai rejoint mon domicile plus tard que d'habitude, car un cas à traiter d'urgence m'avait retenu à mon bureau, c'est un détail. » Jamais on ne m'a confessé plutôt qu'on avait alors agi en veule imbécile, tout simplement. Car admettez avec moi que tout cela est extravagant ! Après cette chamaille que je viens de vous conter telle qu'elle m'a été rapportée, ce mineur et cet homme de lettres imprégné d'alcool et armé sont donc partis s'installer à la table d'un café pour, autour de quelques bières, « causer » de leur avenir. Drôle de ménage, vous ne trouvez pas ? Le droit n'est pas ma seule passion et, dans les rares temps de loisirs que ma charge épuisante et possessive me consent, il m'arrive de me plonger dans des traités de philosophie : Montaigne, Descartes, plus récemment Jean-Jacques Rousseau, dont j'ai dévoré l'œuvre intégrale en moins de deux mois. Et souvent alors je me dis que oui, vraiment, la nature humaine est une énigme. Soit, poursuivons.

Nos deux amis se sont retrouvés à l'hôtel, vers deux heures de l'après-midi. M. Verlaine a fermé à clé la porte de la chambre, s'est assis sur une chaise, a crié « Voilà pour toi puisque tu pars ! », s'est emparé de son revolver et a tiré à deux reprises. La première balle a atteint le jeune Rimbaud au poignet gauche, comme vous savez. La seconde a été retrouvée dans la cheminée de la chambre et saisie comme pièce à conviction. L'inculpé a couru dans une chambre communicante se jeter dans les bras de sa mère – je vous en prie, ne me demandez pas ce qu'elle faisait là, si vous voulez que mon récit avance –, en hurlant comme un damné de l'enfer, puis, revenu sur ses pas, a placé son arme, retournée contre sa tempe droite, entre les mains de sa victime pour le supplier, tel un dément, dans ces termes : « Décharge-la, vas-y, sois sans pitié, mais décharge-la donc ! » Je n'ai pu, tandis que cette scène m'était narrée, m'empêcher d'avoir une pensée émue pour cette pauvre Mme Verlaine. Les parents ne sont pas toujours dignement payés de leurs sacrifices. Je me rappelle que la victime a tenté de m'émouvoir avec ce qu'il a appelé « les regrets sincères » de son agresseur, sans succès je dois dire.

Tout le monde est alors parti vers l'hôpital Saint-Jean, où le poignet meurtri de ce pauvre Rimbaud a été pansé, aux frais de Mme Verlaine, comme vous vous en doutez. Après un dernier détour par le lieu du drame afin d'y rassembler, je suppose, ses quelques pauvres effets personnels, M. Rimbaud s'en est allé vers la gare du Midi, désireux subitement de retrouver sa chère mère. Tiens, existe-t-il à partir de cette gare une ligne directe pour Charleville ? Qu'importe, trancher ce point ne concourrait sans doute pas à la manifestation de la vérité. Pour lui permettre d'acheter son titre de transport et peut-être aussi dans l'espoir de favoriser sa disparition, Mme Verlaine a offert au jeune poète un billet de vingt francs belges, ce qui a jeté l'inculpé dans la fureur et la panique, bouillon d'émotions forgeur de drames. Pour décrire la réaction de son ami, le témoin a employé ici le mot « fou ». Il m'a paru utile de reconstituer sur un plan de Bruxelles le chemin qu'ils ont dû emprunter à trois à partir du numéro un de la rue des Brasseurs, adresse de leur hôtel. Voulez-vous y jeter un œil? Non, soit. Apparemment, M. Verlaine s'est alors abandonné à même la voie publique à toutes sortes de frasques scandaleuses, implorant presque à genoux son ami de ne pas le délaisser ainsi cruellement et se livrant aussi à ce pitoyable chantage au suicide qui a inspiré à tant de grands auteurs quelques fameuses tirades, tantôt tragiques, tantôt vaudevillesques. Sans cesse il glissait une main dans la poche de son paletot où était dissimulé son revolver. Arrivé place Rouppe – du nom de l'illustre Nicolas-Jean Rouppe, premier bourgmestre de notre capitale –, le témoin a aperçu un agent de police, M. Auguste Michel, providentiel libérateur, à qui il a demandé d'arrêter ce délinquant au bord de la récidive. Je crois, moi, tout bien considéré, qu'il a ainsi rendu service à son ami, l'empêchant de commettre le plus effroyable des crimes, puni de la plus irrévocable des peines.

Voilà. Je pense vous avoir relaté sincèrement et complètement tout ce qui m'a été rapporté par ce jeune homme ce jour-là. Il a relu sa déposition et apposé sa signature au bas du procès-verbal, en faisant observer à M. Ligour que, pour sa part, lui n'avait jamais usé au cours de son audition du subjonctif imparfait. Je lui ai dit que M. le greffier adjoint ne plaisantait pas avec les règles de concordance des temps. C'est la seule fois que je l'ai vu sourire. Avant de rejoindre mon bureau du Palais de justice, je lui ai demandé, par curiosité sans doute, s'il pouvait m'instruire de ses projets d'écriture. Il est resté muet, le pauvre. Nous, magistrats, prodiguons volontiers des leçons de vie. Elles outrepassent nos compétences, nous le savons. Mais c'est, voyez-vous, notre petit péché. Je lui ai donné le conseil de renoncer à ses rêves de « gloriole littéraire », comme disait mon cher Jean-Jacques, de revenir à des ambitions plus ordinaires et de partir en quête d'un labeur sans doute plus modeste mais qui le comblerait. Quand je lui ai dit que le travail serait la clé qui le libérerait de l'abîme où il venait de choir, il a marmonné ces quelques mots sans signification : « Oui, le travail des hommes. » Puis il s'est plaint de fatigue. Une infirmière a frappé à la porte de notre local. Avec mon autorisation, elle a vérifié le pansement de son patient et lui a remis un petit verre d'eau avec quelques gouttes extraites d'un flacon dont je n'ai pu déchiffrer l'étiquette. J'ai entendu, venant d'un couloir voisin, le cri rauque d'un patient qu'on transportait sur un brancard. Le jeune homme s'est penché vers moi, et, dans un chuchotement, m'a demandé ce qu'il adviendrait de son ami. Il m'a semblé vouloir dissimuler son angoisse sous un ton affecté de connivence. Je lui ai répondu qu'en justice, la manie du pronostic et ses réconforts fallacieux ne fraient à leurs victimes que des chemins de déboire. Pour apaiser ses inquiétudes, je l'ai assuré que le tribunal entendrait la défense de l'inculpé et aurait égard, dans la sagesse de son délibéré, aux lamentables circonstances qui entouraient cette affaire et avaient poussé cet homme à mal agir. Il m'a remercié. Je lui ai demandé de ne pas quitter Bruxelles avant une dizaine de jours et de demeurer à ma disposition jusqu'à la clôture de mon instruction. J'ai quitté l'hôpital une peu avant midi. Mouillés par une pluie de juillet froide comme un crachin de Toussaint, les piétons du boulevard du Jardin Botanique me semblaient néanmoins allègres et radieux. J'ai dit.

Vous me faites observer que j'ai, en outre, questionné le témoin sur la nature de ses relations avec l'inculpé. Je vois que vous détenez les pièces du dossier, qu'un petit fonctionnaire jaloux vous a peut-être remises sans mon autorisation. Oui en effet, j'ai omis dans mon rapport ce détail. En réalité, j'ai procédé plus subtilement. Je l'ai d'abord interrogé sur le fond des griefs qui opposaient l'inculpé à son épouse, puis l'ai déconcerté avec une demande de précision formulée, je crois, en ces termes : « N'invoque-t-elle pas aussi votre *intimité* avec Verlaine » ? Je l'ai vu pâlir et diriger son regard vers le sol, entre ses pieds. Il a sur ce sujet nié l'évidence avec l'indignation outrée de l'affabulateur. J'avais la veille requis deux éminents médecins de procéder à l'examen corporel de Paul Verlaine aux fins – je suppose, puisque vous savez tout, que le libellé de la mission qui leur avait été assignée ne vous est pas inconnu – « de constater s'il porte des traces d'habitudes pédérastiques ». Ils ont, au terme de leurs travaux, conclu à l'existence sur le sujet examiné de traces de pédérastie active et passive, plus ou moins récentes, et déposé leur rapport en mon cabinet le 16 juillet dernier. Je dois admettre que sa lecture m'a fait jubiler.

Vous me dites que je passe donc aux aveux. Aux aveux ? Aveux de quoi, je vous prie ?

LE TRAVAIL HUMAIN

Moi, François Loisset, fils du glorieux et insurpassable écuyer Jean-Baptiste Antoine Loisset, ai fondé et dirigé, pendant presque un quart de siècle, ce cirque qui révéla aux publics de tant de nobles contrées l'excellence de notre équitation savante. Il a porté mon nom de sa création jusqu'à sa mort par dissolution, décidée par mes successeurs. De ce Rimbaud qui, me dites-vous, œuvra une poignée de semaines comme guichetier au sein de notre institution, je n'ai, veuillez me pardonner, conservé qu'un souvenir fort nébuleux. Sur cette affaire qui vous inquiète, on ne peut plus anecdotique pour ce qui me concerne, le rapprochement que vous avez cru pouvoir opérer avec ce texte embrouillé dont vous m'avez donné lecture – *La parade sauvage*, c'est bien cela? – tient pour moi de l'insulte, pour ne pas dire de l'outrage. Veuillez, je vous prie, laisser à vos cirques forains et à vos théâtres de kermesse ces *drôles très solides*, ces *faciès déformés* et ces *maîtres jongleurs* que votre poète n'a pu observer et étudier que très loin de chez nous. La caricature breughélienne qu'il en a livrée sans effort de versification – et surtout sans cette poésie du quotidien rugueux, mais miraculeusement lumineux, qui caractérise les toiles du grand maître flamand – ne nous concerne donc nullement. Puisque vous méconnaissez à ce point ce que fut l'art du cirque en ces temps regrettés, je vais, moi, vous dire ce qu'il fut donné à ce jeune homme égaré de contempler sous nos chapiteaux quand son devoir ne le retenait pas, entre cinq heures et six heures de l'après-midi, les jours de représentation, au pupitre et derrière la fenêtre de son guichet.

Dans nos spectacles, pantomimes, exercices de gymnastique et numéros de clown, auxquels vous tendez fâcheusement à restreindre notre art, servaient d'interludes. J'ai aimé leurs exécutants, il est vrai, autant que mes écuyères et écuyers. Pour mes clowns particulièrement, j'ai toujours éprouvé une forme de tendresse. Le clown anglais Rocher excellait, par exemple, dans la chute feinte : après un croche-pied qu'il s'infligeait à lui-même, il s'écroulait, jambes croisées et bras écartés, face dans la sciure, où il se mettait à tressauter à quatre pattes, gémissant et en pleurs, à la recherche frénétique de son nez rouge égaré. Les rires des enfants de Berlin, d'Hambourg ou de Stockholm, venus des beaux quartiers ou des tristes faubourgs, composaient alors la même partition exécutée comme à l'unisson : d'abord une longue ronde suraiguë aux accents d'effroi plus que d'hilarité, suivie de hoquets en croches descendantes au decrescendo contagieux, qui transportait les larmes de joie de tous ces bambins jusqu'aux yeux de leurs parents. L'immense Rocher est mort dans mes bras, emporté par un carcinome mal soigné. J'ai conservé le bâton – lui parlait de *sceptre*, à juste titre, car il était roi – coiffé d'un globe aux zébrures blanches et rouges qu'il brandissait dans ses scènes de triomphes dérisoires. Mes clowns étaient des ciseleurs de comique, fous méticuleux sans lien aucun avec les importuns grossiers et ridicules qu'il vous arrive, je crois, d'affubler du même titre. Entendre prononcer les mots « quel clown ! » à propos d'un malotru vaniteux ou d'un fat grotesque – cet usage impropre a pénétré vos dictionnaires, je crois, et devrait en être banni – me désole toujours.

Trônant au pinacle de ce que nous appelions cirque et qui, je l'affirme, était seul digne de ce nom, l'écuyer et sa monture, en majesté, étincelaient plus qu'une mosaïque d'Orient. Qui n'a jamais vu mon cher frère Baptiste exécuter sur le dos de la sienne ce *salto mortale* – un saut arrière vertigineux qui saisissait nos spectateurs d'effroi d'abord, puis de sidération – qui bâtit sa légende, ni aucune de nos illustres écuyères de plateau, emportée par le trot de son cheval, ces pas que les ballerines des métropoles ne tentent que sur les planches immobiles de leurs scènes d'opéra, ne saurait concevoir la force de notre art. Pour lui, la diva Emilie Loisset, ma nièce adorée, a donné sa vie. Alors qu'elle répétait son entrée triomphale, saut de haute école dans la maîtrise duquel elle avait toujours excellé comme aucun gentilhomme, son cheval se cabra face à un obstacle que jamais il n'eût dû rencontrer – les palefreniers qui, ce jour-là, avaient précipitamment refermé la grille de nos écuries furent congédiés sur-le-champ – puis versa de tout son poids sur son écuyère, que la corne de sa selle transperça à l'abdomen, lui infligeant d'atroces blessures. Elle y succomba après quelques heures à l'âge de vingt-sept ans.

La cadence de vos petites moues approbatives, presque métronomique, trahit votre impatience et votre pensée : « Par pitié, parlez-nous de lui, de lui seul ! » Un cirque n'est pas une famille, c'est une société. De son sommet, il est impossible d'en scruter chaque partie. Écuyères, écuyers, acrobates, comiques, dresseurs de bêtes féroces, mécaniciens, couturières, maquilleuses, cuisiniers et, venons-y, guichetiers, c'est trop en quelque sorte : messieurs, je suis au regret de ne pouvoir vous éclairer sur le sérieux avec lequel votre héros s'acquitta de la tâche qui lui avait été assignée, qui requiert courtoisie, patience et célérité dans le geste, ni sur les circonstances qui le menèrent vers d'autres labeurs.

De mon unique rencontre avec ce jeune homme, j'ai néanmoins conservé un souvenir précis qui, malheureusement je crois, ne vous fera pas progresser substantiellement dans cette enquête dont vous m'avez dit qu'elle commençait à vous obséder, et parfois même à vous priver de sommeil. Pour l'examen de sa candidature et avant son embauche, je l'ai reçu dans mon bureau, installé en ces temps à Hambourg. Je suis certain qu'il m'a parlé de Charleville en Ardenne, d'où il était originaire. Mon père est né à Charleville le huit frimaire de l'an sixième de la République française une et indivisible. Le 28 novembre 1797, autrement dit. Comme les cirques, les calendriers passent. J'entends encore mon père révéré me narrer ses jeux d'enfants – cache-cache, guerres héroïques, courses olympiques – dans les hautes herbes des rives de la Meuse et comment il terrorisait ma grand-mère Magdelaine avec le ballottement des petites barques sur lesquelles ils s'installaient parfois à l'improviste, pour le plaisir illusoire de retenir le cours du fleuve dans le creux de la main. C'est la mélancolie, volupté aux joyaux secrets, mais mauvaise conseillère, qui m'a fait plier et soumettre à ce compatriote vagabond le contrat que, si ma mémoire ne me trompe pas, il s'est empressé de signer. Cette charmante et paisible cité où germa l'illustre lignée des Loisset aurait-elle inspiré à votre poète quelques rimes ?

Votre réponse me dépite et me fait songer à ces mots de la fable : « Volontiers gens boiteux haïssent le logis. » Mes propos vous offusquent. Je vous demande pardon et invoque à l'appui de ma requête cette circonstance atténuante : en qui vous adulez ce *voyant* plus grand que le grand Hugo, je n'ai vu, moi, sans retrait, qu'un poinçonneur de tickets plus ou moins bilingue. Si dans les nuées résonnait un clairon chaque fois que nous méjugeons autrui, quelle incessante et tonitruante apocalypse !

Cet ouvrage a été achevé d'imprimer en novembre 2024
sur les presses de l'imprimerie Colorix
à Sofia, Bulgarie
pour le compte de
Cohen&Cohen éditeurs à Paris XIII.